GUIDE

DU VOYAGEUR ET DU TOURISTE

À

SAINT-GILDAS-DE-RHUIS

ET SES ENVIRONS

NANTES

LIBRAIRIE CATHOLIQUE LIBAROS

PLACE DU CHANGE

1882

GUIDE

DU VOYAGEUR ET DU TOURISTE

A

SAINT-GILDAS-DE-RHUIS

ET SES ENVIRONS

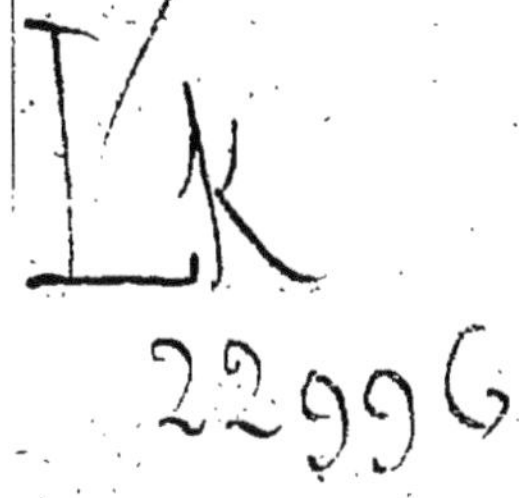

GUIDE

DU VOYAGEUR ET DU TOURISTE

A

SAINT-GILDAS-DE-RHUIS

ET SES ENVIRONS

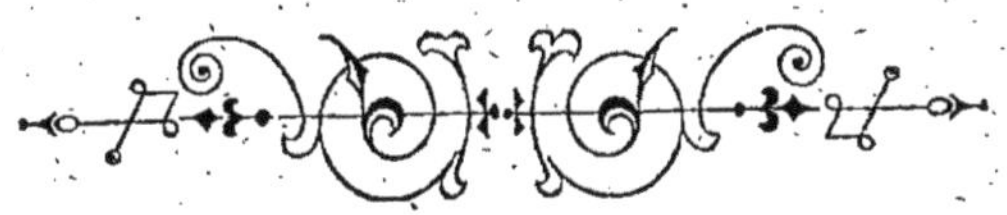

NANTES

LIBRAIRIE CATHOLIQUE LIBAROS

PLACE DU CHANGE

1882

AU LECTEUR

—

Il y a quelques années, un touriste avait lu dans le *Guide-Joanne* cette phrase : Les religieuses qui habitent le couvent de Saint-Gildas-de-Rhuis y ont créé un établissement de bains.

L'idée d'une saison passée sur cette côte, perdue dans la mer, lui souriait.

Par ailleurs, les souvenirs d'Abélard, d'Héloïse, des moines du moyen-âge, hantaient son sommeil ; il voulut voir lui-même les lieux que ses rêves peuplaient d'images fantastiques et d'histoires merveilleuses.

Sur la foi du guide il invite un ami et tous les deux partirent.

Le chemin de fer conduit jusqu'à Vannes. On prend, le plus souvent, une voiture particulière qui, après trois ou quatre heures de voyage, vous amène à Saint-Gildas.

Là, point d'hôtel, quelques auberges, le couvent où vous n'êtes pas reçu, les maisons du bourg où vous couchez si vous pouvez, voilà ce qui vous attend. Enfin, après mille démarches, mille tours et détours, vous vous logez.

Au bout de quelques jours, avec beaucoup de bonne volonté, une grande dose de philosophie, vous avez pu vous procurer les choses nécessaires, vous vous êtes reposé, vous avez dormi et vous vous dites que, peut-être, vous vivrez là !

Ceci, ami lecteur, c'est mon histoire, et c'est pour vous éviter ces ennuis, les déboires de mon arrivée que j'ai entrepris ce petit guide.

Je n'ai pas l'intention de faire un volume savant, ni des dissertations scientifiques sur ce pays, j'ai voulu faire pour les autres le livre qui m'a manqué.

S'il peut vous être utile vous me direz : merci ! c'est tout ce que je réclame.

A. DE K.

GUIDE

DU VOYAGEUR ET DU TOURISTE

A

SAINT-GILDAS-DE-RHUIS

ET SES ENVIRONS

ARRIVÉE

Le mode le plus simple et le plus naturel pour se rendre à Saint-Gildas c'est d'y aller par Vannes.

Nous ne parlons que pour mémoire de la voie de mer qui est très difficile et très longue.

A Vannes on peut s'entendre avec un voiturier qui, pour un prix de 12 à 15 francs, conduit à Saint-Gildas.

Le courrier de Sarzeau qui fait la correspondance du chemin de fer, prend aussi des voyageurs. On traite avec lui, si on le désire, pour se faire conduire jusqu'à Saint-Gildas.

Dans la belle saison, une voiture spéciale, appartenant à un habitant du pays, vient, après entente préalable, chercher les voyageurs à la gare, et les emmène à destination. Les prix sont également de 12 à 15 francs.

La distance qui sépare Vannes de Sarzeau est de 24 kilomètres. On compte 6 kilomètres de Sarzeau à Saint-Gildas ; il y a donc 30 kilomètres de Vannes à Saint-Gildas.

A 6 kilomètres de Vannes on quitte la route de la Roche-Bernard, au *poteau rouge*, pour descendre jusqu'à l'étang de *Noyalo*.

A 10 kilomètres se trouve le bourg de *Noyalo* (500 habitants). On prétend qu'il possède des débris de voies romaines et des monuments celtiques.

Un peu plus loin, à droite, on remarque au milieu de petites îles, un village et un clocher, c'est le *Hézo*, bourg de 400 habitants.

A 14 kilomètres Pont-Sérac, village de pêcheurs.

A 16 kilomètres *Saint-Armel*.

A 19 kilomètres, *Saint-Colombier* qui forme le commencement de la presqu'île de Rhuis.

Au de là de Saint-Colombier, on laisse à gauche le château de *Kerlévénant*, appartenant à M. le marquis de Gouvello, qui a fondé, dans sa propriété, un orphelinat agricole.

A 24 kilomètres *Sarzeau*, chef-lieu de canton de 6,000 habitants.

De Sarzeau une route tracée presque en ligne droite conduit à Saint-Gildas-de-Rhuis.

Le voyage est fait et le voyageur est arrivé sans encombre. — C'est bien ! mais il faut se loger et ici commencent les difficultés.

Beaucoup de personnes, sur les indications du Guide-Joanne et les dires des promeneurs, s'imaginent qu'elles trouveront au couvent une sorte d'hôtel où elles pourront descendre. C'est une erreur.

Les religieuses reçoivent, il est vrai, des pensionnaires pour la saison des bains, mais il faut avoir, préalablement retenu sa place, ce qui n'est pas toujours facile.

La maison est divisée en deux parties ; l'une, l'abbatiale, reçoit des familles ; l'autre qui est le couvent même, n'admet que les dames.

Chaque partie a une table séparée. Un règlement détermine les heures de repas qui ont lieu à heure fixe. La rentrée, le soir, doit se faire à neuf heures.

La pension est de 5 francs par jour, mais les petits extras se paient à part.

Depuis plusieurs années, les habitants ont pris des dispositions pour loger quelques baigneurs. Les habitations ne sont pas toujours confortables, mais ceux qui fréquentent les côtes de Bretagne savent qu'il faut souvent faire bon marché de ses aises.

Nous citerons notamment la maison du boulanger qui contient un certain nombre de chambres. Il prend quelques pensionnaires. De plus, il conduit lui-même les voyageurs soit à Vannes, soit dans les diverses excursions qu'on peut faire aux environs.

Un boucher vient de Port-Navalo, deux fois par semaine.

On peut se procurer du poisson soit par les pêcheurs de Saint-Jacques ou d'Arzon, soit par le marché de Sarzeau.

Pour les autres provisions on les trouve facilement dans le bourg.

LE BOURG

En parcourant cette petite bourgade, on est de suite saisi par l'aspect de constructions anciennes qu'elle présente.

On reconnaît qu'il y a eu là, autrefois, un couvent avec ses dépendances, ses fermes, et que le bourg est né de ces habitations.

Plusieurs maisons, en particulier le presbytère sur la place de l'Eglise, dénotent des maisons de moines.

Les habitants sont, pour la plupart, cultivateurs. Nous disons : les habitants, c'est-à-dire ceux qui restent au pays, car presque tous les hommes valides sont marins.

La terre est bonne et produit bien. On cultive le blé et un peu la vigne.

Ce pays jouissait autrefois d'une certaine aisance. La marine marchande qui était alors très florissante, permettait aux nombreux capitaines de Saint-Gildas de faire des voyages très lucratifs.

Depuis longtemps la navigation au cabotage ou au long cours rapporte peu et la gêne, avec les privations, est entrée dans beaucoup de ménages.

En général, le pays est pauvre.

On parle breton, surtout parmi les vieilles gens. Les enfants parlent français et, dans quelques années, la langue bretonne aura complètement disparu.

A quelle date remonte l'existence du bourg? on ne pourrait la préciser; mais il est certain qu'il est aussi vieux que l'abbaye.

Il doit son nom à Saint-Gildas, dit le Sage, qui vint, au VIe siècle, de la Grande Bretagne en France, fonder plusieurs couvents.

Saint-Gildas naquit, comme il nous l'apprend lui-même, l'année où les Bretons remportèrent une victoire complète sur les Saxons, auprès de la petite ville de Bath, en Ecosse, en l'année 499.

Cette ville lui donna naissance, il en prit même le surnom et s'appela Badonique. Son père, grand seigneur de l'île de Bretagne, l'envoya au monastère de Saint-Iltut. Son amour pour la retraite le détermina à embrasser l'Etat monastique.

A l'âge de vingt ans, il se retira dans l'Armorique et choisit pour le lieu de sa solitude la petite île de Houat, au diocèse de Vannes.

Des pêcheurs ayant admiré la vie de cet anachorète le firent connaître aux habitants des côtes voisines.

On vint le visiter. Plusieurs disciples voulurent vivre sous sa direction, et bientôt sa communauté devenant plus nombreuse il se décida à l'établir dans un vieux château de la presqu'île de Rhuis.

Un peu plus tard le saint fit construire un monastère.

Les annales du couvent rapportent que les guérisons miraculeuses qui s'y opéraient attiraient beaucoup d'étrangers.

Pendant une dizaine d'années il dirigea lui-même son monastère. Puis, laissant la direction à l'un de ses religieux, il se rendit avec saint Bieuzy, dans un lieu désert, sur le Blavet, à environ quatre lieues de Pontivy. Il y construisit un petit oratoire, et les deux ermites vécurent là pendant quelque temps.

Il prêchait souvent dans les environs. Se sentant avancé en âge et prévoyant sa fin prochaine, il se déchargea du gouvernement de sa communauté, prit avec lui deux ou trois religieux et se retira à l'île de Houat.

C'est là qu'il mourut en 565.

Ses religieux rapportèrent son corps à l'abbaye de Saint-Gildas où il fut inhumé.

Ce monastère fut ravagé par les Normands au

Xe siècle, et relevé au XIe par saint Félix, abbé de Rhuis.

Au XIIIe siècle, Abélard gouverna cette maison. Pour savoir ce qu'elle était à cette époque, il faut lire ce fragment d'une lettre qu'il écrivait à Héloïse :

« Tandis que j'étais, sans relâche, affligé de ce « trouble de mon esprit, l'abbaye de Saint-Gildas-« de-Rhuis, dans le diocèse de Vannes, perdit « son chef et je fus élu pour lui succéder, d'une « voix unanime.

« J'allais habiter un pays barbare dont la langue « m'était inconnue. La vie des moines était « affreuse et indomptable. Les portes de l'abbaye « n'étaient ornées que de pieds de biche, d'ours, « de sanglier. Les moines n'avaient d'autre signal « pour se réveiller que le bruit des cors et des « chiens de meute qui aboyaient. Les habitants « étaient cruels et sans frein. »

Il faisait de fréquents voyages au Paraclet, et se trouvait à son retour exposé aux persécutions de ses moines.

« Combien de fois, dit-il, ils ont tenté de se

« défaire de moi, par le poison. Je devais veiller

« sans cesse à mes aliments, à ma boisson. »

Plusieurs fois aussi, ils ont payé des voleurs

pour le guetter sur les routes et l'assassiner.

Enfin, une nuit, les moines étant entrés dans

sa chambre, le poignard à la main, il se sauva

par un conduit souterrain.

On montre encore, dans le couvent, une ouver-

ture, aujourd'hui murée, par laquelle il prit,

dit-on, la fuite.

L'ÉGLISE

Ancienne église abbatiale , elle a été classée à cause de l'intérêt qu'elle présente, parmi les les monuments historiques (¹).

Elle est construite en forme de croix latine, mais elle se compose de deux parties bien distinctes.

L'une, de beaucoup la plus ancienne, remonte à la construction de saint Félix, c'est-à-dire au XIᵉ siècle. Elle forme le chœur et le transept

(¹) Le gouvernement a alloué, cette année, une somme de 40,000 fr. pour y faire des réparations, devenues indispensables.

Nord. Le transept méridional qui longe le couvent était du même temps, mais il fut détruit par un terrible ouragan qui eut lieu au mois de mars 1836.

L'autre partie est formée par la nef qui est de la fin du XVIIe siècle. Elle est terminée par une tour ornée de pilastres ioniques, qui a remplacé une tour romane détruite par la foudre.

Une vieille tradition du pays dit que les cloches de cette tour sonnaient d'elles-mêmes pour avertir que des marins étaient en danger sur la côte.

La nef est flanquée de contreforts simples sans ornements. Les fenêtres sont à plein cintre, assez étroites. On voit à la corniche des figures humaines, des têtes d'animaux et quelques ornements.

On remarque aussi dans le mur de la chapelle absidale une sculpture assez singulière qui représente deux guerriers à cheval, revêtus de leurs cottes de maille et qui semblent se battre. Il y a aussi un troisième personnage seul.

En entrant dans l'église, par la grande porte, on trouve à droite et à gauche deux chapitaux romans très larges qui ont été creusés pour servir de bénitiers. Ils ont dû appartenir aux colonnes de l'ancienne nef. Ils sont couverts de têtes d'animaux bizarres, mêlés avec des dessins et des feuillages très originaux.

En avançant dans la nef, on se trouve en face du chœur fermé par une grille en bois et entouré de lourdes colonnes romanes. Le chœur est enveloppé d'un collatéral avec trois chapelles demi-circulaires.

Au Nord, du côté du bourg, celle de saint Joseph; au Levant, celle de la sainte Vierge; au Midi, celle de Notre-Dame des Sept Douleurs.

A l'intérieur de la chapelle de la sainte Vierge on voit une dalle en granit avec cette inscription : *Sanctus Gingurianus monachus istius loci* — (saint Gingurien, moine de ce lieu). — D'après la tradition, cette dalle recouvre la tombe de saint Gingurien.

En face de cette chapelle, une arcade basse et

ouverte, placée sous le maître autel, laisse aper-
cevoir le tombeau de saint Gildas.

La tombe est en granit, sans inscription, et
longue d'environ deux mètres.

En 1856 on ouvrit cette tombe et on trouva
quelques ossements réunis dans une espèce de
boîte taillée dans la pierre même.

Une tradition constante rapporte que ce fut
dans cet endroit que les premiers moines de
Rhuis déposèrent les restes de leur fondateur.

Le maître-autel est en marbre, orné d'un rétable en style de la Renaissance. Au sommet du
rétable se trouve une statue de saint Gildas portant la crosse et la mitre.

Au côté droit de cet autel il y a une tombe où
l'on distingue encore des traces d'inscriptions et
de sculptures. Les stalles sculptées, au nombre
de vingt, dix de chaque côté, ont dû appartenir
à l'ancien couvent.

Plusieurs auteurs prétendent qu'il y a, sous le
chœur, un caveau qui était réservé aux ducs de

Bretagne et à leurs familles. L'entrée devait être située près de la balustrade.

Des fouilles, faites à plusieurs reprises, n'ont pas fait découvrir ce caveau. Il faudrait pour y arriver des frais considérables, et on hésite à les faire.

Vers le milieu du chœur se trouvent cinq pierres tumulaires qui recouvrent les sépultures de cinq membres de la maison de Bretagne, du XIIIe et du XIVe siècle.

Elles ont toutes les pieds tournés vers l'autel, et portent des figures et des inscriptions à demi-effacées.

Sur la première, du côté droit, on voit encore une tête posée sur un coussin. C'est la tombe de Nicolas de Bretagne, fils du duc Jean Ier, dit le Roux, et de la duchesse Blanche. Il mourut à l'âge de treize ans. On peut lire encore des fragments de cette inscription : *Hic jacet Nicolaus, Clericus filius J. duc. Britanniæ, et Joæ Blanchæ uxoris ejus ; et fui mortuus anno D. M^o C. C^o*

XLIX, au-dessus de la tête, ces mots : *et vixi XIII annos.*

La seconde est la tombe de Thibaut de Bretagne, frère du précédent, mort en 1246, âgé d'un an. Elle ne porte plus qu'un fragment de date.

La troisième est celle d'Aliénor, sœur des précédents, morte l'année de sa naissance. L'inscription est complètement effacée.

La quatrième est celle d'un autre Thibaut, fils du même duc, mort en 1251, âgé de douze ans. L'inscription n'existe plus.

La cinquième est celle de Jeanne de Bretagne, fille du duc Jean IV, et de Jeanne de Navarre, morte en 1448. On voit en relief une figure de femme, et à côté de sa tête, deux anges tenant une couronne.

Dans la chapelle du Nord, du côté du bourg, on voit deux arcades romanes, faites dans le pignon et qui renferment deux tombeaux. Sur le milieu, la croix est sculptée en relief.

L'un d'eux porte cette inscription : *Riocus abba.* C'est celui de Rioc, abbé.

L'autre est celui de saint Félix, restaurateur de l'abbaye au XIe siècle. On lit cette inscription : † *II. id. Febr. obiit Felix abb. istius loci.* (Le 2 des Ides de Février est mort Félix, abbé de ce lieu.)

Dans cette même chapelle on voit encore deux autres tombes. La première est celle d'un chevalier de la famille de Beaumanoir. On y remarque une épée et un écusson à dix billettes avec une bande chargée de cinq besants.

La seconde, qui ne porte aucune indication particulière est, dit-on, celle de saint Goustan, mais rien extérieurement ne l'indique.

En avant se trouvent plusieurs dalles qui recouvrent des tombes.

Une qui est celle de Guillaume III de Moncontour, abbé de ce monastère en 1413; elle porte une crosse sur le côté.

Une dont on voit l'inscription en caractère du XIVe siècle, ainsi qu'un écusson avec trois étoiles et une crosse.

Une qui a une croix aux extrémités et une crosse à côté.

Une où sont sculptés une crosse et un écusson avec un oiseau.

Une sur laquelle on voit gravés une croix, une crosse et un écusson.

Une sur les bordures de laquelle se trouve une inscription très difficile à déchiffrer.

Il y a également plusieurs autres tombes sans signes, ni inscriptions, et qui doivent être les tombes des prieurs et moines de l'abbaye.

LES RELIQUES — LE TRÉSOR

L'église possède plusieurs reliquaires très remarquables et par leur forme et par leur antiquité. Ils sont renfermés dans une armoire de la sacristie, le recteur de la paroisse les montre avec une très grande bienveillance.

Voici, d'après les dires des anciens, comment ce trésor a traversé la Révolution sans être confisqué par la Commune.

Le maire de Saint-Gildas, nommé par le district de Vannes, sommé de donner tout ce qu'il y avait dans l'église, aurait concédé les cloches, les boiseries, mais réservé les reliquaires.

Ah ça, citoyen maire, disent les envoyés du district, il nous faut tout.

— C'est bien, dit le maire, mais le peuple tient à cés amulettes, et si je les donne, il se révoltera.

— Si le peuple y tient, c'est différent. Alors, citoyen maire, garde-les.

Ces reliquaires furent alors confiés à une sœur du tiers-ordre qui les aurait gardés pendant la tourmente révolutionnaire.

Le plus important de ces reliquaires est une châsse couverte de lames d'argent, en forme de chapelle, et datant de 1731. Elle est ornée d'hermines et de fleurs de lys.

Une tête de moine sur laquelle on a simulé une couronne de cheveux. Les épaules portent une dalmatique agrafée avec une pierrerie.

Un bras bénissant: sur la manche on voit les initiales I. M. qui pourraient être celles de Jean de Malestroit, évêque de Nantes en 1420. Trois grosses pierres sont enchâssées dans l'ornement.

2*

Deux autres reliquaires en argent ayant la forme, l'un d'une cuisse ou d'une jambe et l'autre d'un genou. Ils présentent sur leur face des ornements grillagées avec rosaces.

Ces reliquaires sont en style du XVe siècle.

Une mître ancienne, en soie verte brochée d'or et d'argent. Un des côtés représente la sainte Vierge portant l'enfant Jésus et saint Jean portant l'agneau. Sur l'autre côté sont dessinés deux abbés crossés et mîtrés qu'on suppose être saint Gildas et saint Félix. Sur l'un des fanons on reconnaît saint Sébastien. Le saint qui était sur l'autre fanon a été enlevé. On dit que cette mître a servi à Abélard.

On montre aussi un calice du XVe siècle, orné au-dessous du nœud de six niches qui renferment des statues d'apôtres.

Une croix en vermeil, ciselée avec une grande perfection. Le pied représente en médaillons relevés en bosse : 1º l'Annonciation ; 2º la Naissance de Notre-Seigneur ; 3º la Présentation au Temple ;

4° la Résurrection. Sur le pied on remarque les armes de la famille de Monti.

Cette croix fut donnée vers 1545 par un cardinal de Bologne, de la famille de Monti, abbé commandataire de Saint-Gildas.

LE COUVENT

On entre, pour le visiter, par la grande porte située près de l'église.

La façade qui donne sur la grande cour n'offre aucun intérêt spécial. Celle qui donne sur les jardins et sur la mer est plus pittoresque : du reste la construction tout entière a véritablement l'aspect d'un vieux couvent.

De l'autre côté de la cour d'entrée, se trouve l'abbatiale qui était autrefois la demeure du père Abbé. Elle est complètement séparée des autres bâtiments.

La salle à manger renferme quelques portraits sur verre des fondatrices du couvent actuel.

Le jardin est terminé, du côté de la mer, par un petit bois d'où l'on a une vue superbe. Ce bois, dans la belle saison, offre des avantages très appréciables.

Au-dessous de la maison, de grands champs de blé et des prairies séparent les habitations de la côte proprement dite.

Le couvent entretient de nombreux troupeaux de moutons, de vaches, qui trouvent dans les prairies de la communauté d'excellents pâturages.

Jusqu'en 1789, l'abbaye fut habitée et administrée par les moines de Saint-Gildas.

Le 2 novembre 1789, elle fut mise à la disposition de la nation par un décret de l'Assemblée nationale.

Plus tard, on abolit les vœux monastiques, mais les quelques Bénédictins, restés au couvent, continuèrent néanmoins à vivre ensemble.

Ils durent se disperser au commencement de l'année 1791.

Le 1er avril, les commissaires de la municipalité de Saint-Gildas mirent les scellés sur les meubles de l'abbaye, et le 2 mai eut lieu la vente publique.

Depuis ce moment elle ne fut plus habitée.

En 1796, lorsqu'eût lieu la vente du couvent, les maisons et l'église étaient dans un état de délabrement lamentable.

Le 1er thermidor an IV (juillet 1796), le monastère fut vendu à un négociant de Vannes.

Plus tard, la commune racheta l'église. Pendant tous ces temps l'abbaye servit de logement à des soldats et à des garde-côtes. Pendant l'hiver ils brûlèrent pour se chauffer, presque toutes les boiseries, sans épargner ni les charpentes, ni la chaire d'Abélard que l'on conservait encore comme souvenir.

Les révolutionnaires détruisirent les tableaux, les vases, les bronzes, les statues qui ornaient le monastère et l'église.

En 1825 l'abbaye, avec quelques-unes de ses dépendances, fut achetée par Madame Molé de Champlâtreux, née de Lamoignon. — Elle y fit venir

les religieuses de la Charité de Saint-Louis dont
la maison mère est à Vannes et qui sont plus
connues sous le nom de Religieuses du Père
Eternel.

Ce sont elles qui aujourd'hui encore habitent le
couvent de Saint-Gildas. Pendant l'année elles
font l'école aux enfants du pays, et pendant la
belle saison elles prennent des pensionnaires
pour la saison des bains.

LA MER

Le grand attrait de Saint-Gildas, ce qui attire les étrangers et séduit les promeneurs, c'est la mer. Une mer bleue comme le golfe de Naples.

Trois chemins y conduisent.

L'un à l'Est est un chemin carrossable jusqu'au village de Kerfagot, et de là redescend vers la côte.

Un autre au Sud, presque praticable pour les voitures, longe le mur du couvent, près de l'église.

Un troisième à l'Ouest, détourne à gauche de la route d'Arzon.

Ce dernier conduit au grand Mont.

Lorsqu'en le suivant, on traverse les champs qui séparent la route de la côte, on est vraiment saisi par l'admirable vue que l'on découvre devant soi. A gauche, tout à l'horizon, une pointe blanche qui s'avance dans la mer, c'est le Croisic ; en face les deux îles d'Hœdic et de Houat ; derrière, bien loin, on voit Belle-Ile ; à droite la pointe de Quiberon- qui forme comme un grand mur ; puis en se rapprochant, les clochers de Carnac, Locmariaquer, d'Arzon, enfin la côte.

Mais pour parcourir cette côte qui est vraiment intéressante et pittoresque, il faut commencer par la plage du Télégraphe située à environ 2 kilomètres du bourg, au Nord-Ouest, sur la route d'Arzon. Cette plage très grande et très belle est désertée par les baigneurs parce qu'elle est éloignée du bourg et que le flot y est toujours un peu fort.

Une cabane, située près du chemin, préserve les fils télégraphiques qui s'enfoncent dans le sable, pour aller, de là, à Belle-Ile.

Le bureau du télégraphe est à Sarzeau.

Quand la mer est basse on peut revenir en suivant la côte et l'on rencontre des grottes très curieuses.

Si la mer est haute, un chemin de pied permet de suivre la côte par dessus les rochers.

On arrive au grand Mont où se voit une croix en granit qui domine la mer.

On descend ensuite par un escalier taillé dans les rochers jusqu'à une fontaine dont la source jaillit du roc.

Au-dessus de cette fontaine se trouve la statue de Saint-Gildas tenant un vase.

Sur le monument on lit d'un côté : *Erex pietas. D. D.-J.-M. Becel, Ep. Ven.* (La piété l'a érigé, D. Becel, évêque de Vannes), au milieu, les armes de l'évêque avec ces mots : *caritas cum fide* (la charité avec la foi). De l'autre côté, les armes de Pie IX : *Pio IX — S.-P.* 1873.

Au-dessus dans le rocher, une plaque de marbre blanc porte cette inscription :

25 août 1874.

Bénédiction par Mgr Becel, évêque de Vannes
Trois fois : Saint Gildas priez pour nous.
Quarante jours d'indulgence.

Cette petite baie qui porte le nom de baie de Saint-Gildas est préservée par la pointe du grand Mont et permet aux pêcheurs de débarquer plus facilement quand la mer est grosse.

On remonte par un autre escalier taillé aussi dans le rocher et on regagne le sommet de la côte.

Un peu plus loin, les habitants montrent l'empreinte du sabot d'un cheval.

La légende dit que c'est le sabot du cheval de saint Gildas qui s'élança de ce lieu pour transporter le saint dans l'île de Houat.

Toujours en suivant la côte, on rencontre au-dessous du jardin du couvent, une petite baie qui a nom : *baie de Portas.*

On arrive ensuite à la plage la plus fréquentée qui est celle de *Port-Maria.*

Admirablement protégée à l'Est et à l'Ouest par deux lignes de rochers, elle sert de lieu de débarquement aux canots de pêche et aux canots des grands navires qui, ne pouvant aborder, restent en pleine mer.

C'est là qu'on a établi les cabanes pour les baigneurs.

La côte se continue en formant des anses et des plages très curieuses.

En remontant vers l'Est, on aperçoit à un kilomètre environ dans la mer une grande tour que les habitants nomment Le Bozec. Cette tour est élevée à l'extrémité d'une ligne de rochers que l'on voit très bien à marée basse. Elle est destinée à empêcher les navires de se briser sur ces rochers.

Si l'on va jusqu'à la guérite des douaniers qui est vis-à-vis la tour, on peut découvrir la grande plage de Saint-Jacques, puis à mi-chemin, dans un champ, un dolmen isolé. Les archéologues ont cru reconnaître, dans les environs, des vestiges de voies romaines, mais leur affirmation ne semble pas prouvée.

La vue s'étend, à gauche, sur toute la côte qui borde la mer. Ce sont les plages de Damgan, de Billiers, l'embouchure de la Villaine; c'est Pénestin, Piriac, l'île Dumet, la rade du Croisic, le Croisic, le plateau du Four.

LES BAINS — LA PÊCHE

Il n'y a à Saint-Gildas aucun établissement de bains.

Un ancien marin, qui fait les fonctions de baigneur, a installé à Port-Maria plusieurs cabanes qu'il loue, comme cela se pratique, du reste, dans les autres lieux et villes de bains.

On peut se baigner à toute heure. Les plages sont accessibles à mer haute comme à marée basse. Mais les petites anses et les anfractuosités des rochers ne peuvent servir qu'à marée basse.

Parmi les distractions, il faut citer la pêche.

Sur toute la côte on trouve la crevette, mais

particulièrement à l'époque des malines, c'est-à-dire des grandes marées. En ce moment elle vient en abondance, et elle est fort belle. Hors de là, on en pêche moins, et celles que l'on rencontre sont plus petites.

On pêche à la ligne : le bar, le corlazo, le congre, l'anguille et d'autres poissons.

Les coquillages communs comme les moules et autres petits coquillages abondent sur cette côte.

On pêche également dans la baie le homard, la sole, le mulet, la dorade, le maquereau, etc.

Les habitants répètent un dicton qui dénote leur confiance dans cette grande Providence qu'ils appellent la mer.

« La mer, disent-ils, doit nourrir ses habitants. »

C'est un peu vrai.

Elle leur fournit le poisson, les coquillages.

Elle leur donne les herbes qui servent à engraisser leurs terres.

Elle apporte une espèce de goëmon un peu gras et huileux que l'on fait sécher sur la côte. Quand il est bien sec on le recueille, et pendant l'hiver on le brûle pour faire le feu.

EXCURSIONS

On peut faire dans les environs de Saint-Gildas des excursions très intéressantes.

Si l'on désire visiter les deux îles de Hædic et et de Houat, il faut louer une barque à Port-Navalo.

Une journée suffit pour cette promenade.

Sur la route qui mène à Arzon on rencontre la butte de *Tumiac*, appelée de ce nom à cause du village qui l'avoisine. Ce *tumulus* est composé de couches alternatives de pierres, de vase au milieu, de terre mêlée de pierres, le tout est revêtu d'une couche de gazon.

En 1853, en creusant cette butte, on a trouvé

un grand nombre d'objets curieux qui ont été déposés au musée archéologique de Vannes.

Elle était probablement destinée, comme les autres grottes et dolmens, à servir de tombeau à quelques personnages importants. Du sommet, l'œil embrasse un superbe panorama.

Arzon est une petite commune de deux mille quatre cents habitants. Le bourg n'offre aucune particularité remarquable.

Une très belle route conduit au petit port de *Port-Navalo*. C'est là qu'est, pour ainsi dire, concentrée la vie de cette commune. Il est peuplé de pêcheurs, de marins, d'employés de diverses administrations, comme la douane et la marine.

On trouve à Port-Navalo des barques de pêche qui mènent dans les différentes îles du Morbihan : l'île d'Arz, l'île aux Moines, l'île de Gavr'inis.

Cette dernière est la plus curieuse des îles du département. Elle possède un *tumulus* dans lequel on a découvert une grotte qui a exercé la science des archéologues.

Voici ce que dit, à ce sujet, M. Gustave de

Closmadeuc, dans sa brochure sur l'île de Gavr'inis : « Au fond de cette grotte, que de tra-« vail et aussi que de choses dont la significa-« tion échappe. Que de mystère ! Le dolmen de « Gavr'inis est certainement un monument funé-« raire ; mais quel est son âge ? quel nom donner « à ceux dont il a contenu les cendres ? a-t-il été « consacré par les Druides, ces représentants « incontestés de la religion gauloise au temps de « César ? Est-il antérieur aux Kimris, aux Celtes ; « ou plutôt, comme on est tenté de le croire pour « les dolmens du Morbihan, le galgal de Gavr'inis « est-il l'œuvre d'une nation autochtone, détruite « ou absorbée plus tard par l'immigration cel-« tique, et dont l'origine se perd au-delà des « temps historiques ? »

Une galerie composée de deux rangées de menhirs conduit à une chambre formée de huit menhirs dressés verticalement.

Sur les parois de cette chambre on remarque des sculptures, des dessins étranges, bizarres et indéchiffrables.

En revenant de Gavr'inis, on s'arrête à *Locmariaquer* dont le port est protégé par une jetée
à pierres perdues, attribuée aux Celtes ou aux
Romains.

L'église remonte en grande partie au XIIe siècle.

Plusieurs auteurs prétendent que ce bourg est
bâti sur l'emplacement d'une ancienne ville. Ils
appuient leurs dires sur les découvertes faites
aux environs, médailles, statuettes.... etc.... sur
les briques, poteries en terre rouge vernies, que
l'on trouve partout, sur certaines clôtures sem-
blables à celles employées par les Romains.

Près du bourg, on voit aussi les ruines d'un
cirque romain.

De Saint-Gildas, on peut, en prenant une voiture, visiter dans une journée, Sarzeau, le château
de Sucinio et le port de Saint-Jacques.

Sarzeau, chef-lieu de canton, six mille habi-
bitants. Cette petite ville est remarquable par la
douceur de son climat. Les arbres des pays chauds
s'y trouvent bien. On y cultive la vigne; mais le
vin, il faut bien l'avouer, n'est pas excellent.

Voici, du reste, ce qu'en disait un auteur du XVIe siècle : « Le vin est des plus âpres et verts « du royaume de France, témoin le chien d'un « conseiller au parlement de Bretagne, lequel « pour avoir mangé une grappe de raisin breton, « aboya le cep de vigne, comme protestant se « venger contre telle aigreur qui jà commençait « lui bouillir le ventre. »

La commune possède 400 hectares de salines. Les flots de la mer ont creusé des grottes très curieuses dans le fond desquelles on remarque un quartz poli et brillant qui donne les plus beaux reflets.

L'Eglise qui date de 1620 mérite d'être visitée avec attention.

On montre aussi la maison dans laquelle est né en 1668, Lesage, l'auteur de *Gil Blas* et du *Diable boiteux*.

Le château de *Sucinio* ne présente plus que des ruines. Il est situé à 3 kilomètres au Sud-Est de Sarzeau.

Il est classé parmi les monuments historiques,

mais comme on n'y fait ni réparation, ni entretien, d'année en année la main du temps fait disparaître quelques-uns de ses ornements.

Il reste encore cinq tours.

Au-dessus de la porte d'entrée on voit les coulisses d'un pont-levis ; à côté un lion accroupi portant une lance de la patte droite, placé entre deux cerfs.

Les différentes pièces et salles du château sont dans un tel état de délabrement qu'il est assez difficile de dire à quels usages elles étaient affectées.

« Il fut construit en 1250 par le duc Jean Le
« Roux, pris par Charles de Blois, à l'époque de
« la guerre de succession de Bretagne, et repris
« en 1364 par le comte de Montfort.

« En 1373 il était occupé par une garnison an-
« glaise que Du Guesclin passa au fil de l'épée. Il
« figure pour la dernière fois dans l'histoire en
« 1795, année où une division de l'armée royale
« détachée de Quiberon et commandée par M. de

« Tinténiac, vint débarquer devant Sucinio et
« s'en empara.

« Le duc Jean Ier partit de Sucinio, avec son
« fils, pour la croisade de 1270.

« Dans ses murs naquit en 1393 le connétable
« Arthur de Richemont. Ce château fut donné en
« 1491 par Anne de Bretagne à Jean de Châlons,
« prince d'Orange, puis confisqué par Fran-
« çois Ier qui en laissa l'usufruit à Françoise de
« Foix, dame de Châteaubriant. Henri IV en fit
« don à Gaspard de Schomberg, colonel général
« des reitres et il fut possédé au XVIIe siècle par
« la princesse de Conti et le duc de la Vallière. »

A une petite distance de Sucinio, on peut visiter le port et la plage de *Saint-Jacques.*

Saint-Jacques est un grand village habité en
grande partie par des marins et des pêcheurs.

La plage couverte d'un sable fin est très agréa-
ble. La pente est très douce et la baie ne présente
aucun danger pour les baigneurs.

Les amateurs peuvent faire des excursions plus

éloignées, mais ceux qui ne veulent pas s'écarter trop loin de Saint-Gildas doivent se borner à celles que nous venons d'indiquer.

6108 — Nantes, Imp. de l'Ouest.

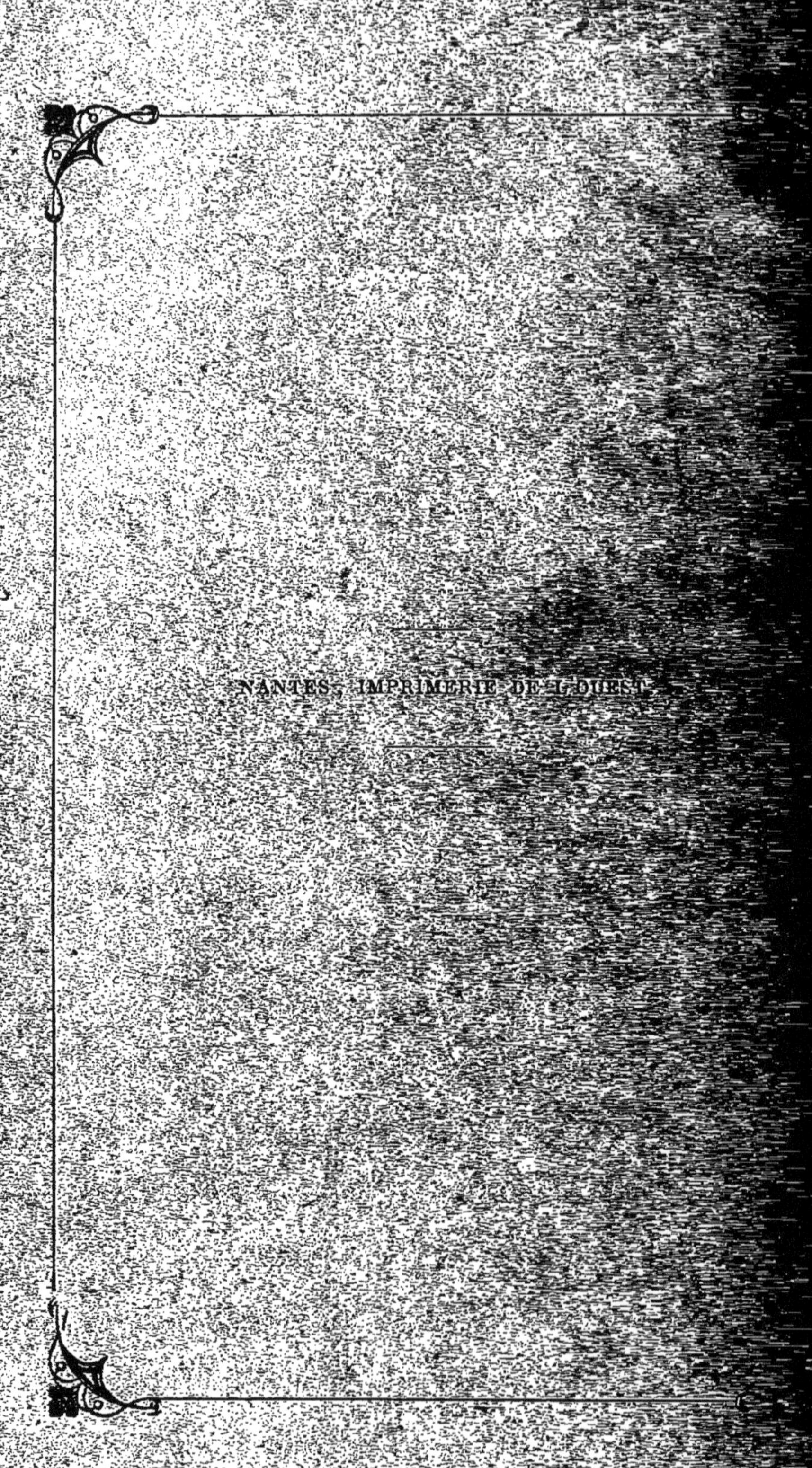
NANTES, IMPRIMERIE DE L'OUEST